생의 볼륨을 높여요

이윤훈 시집

시인동네 시인선 092

이윤훈 시집

생의 볼륨을 높여요

시인동네

시인의 말

살아, 남아 있음이 더 외롭다.

얼굴에, 목소리에 슬픔을 묻히지 않으려 흐드러지게 웃었다.
어쩌면 죽도록 더 외로워야 한다.

바람이 인다.
세상의 거친 면에 가슴을 확, 문지르고 싶다.

성냥 한 개비를 긋는다.
아, 한 줌의 불꽃!

2018년 3월
이윤훈

차례

제2부

제3부

제4부

제1부

프리다 칼로의 심장

단칼에 수박을 두 동강 낸다

입을 쩍 벌린 암표범이 뛰쳐나온다

아나키스트 김산*을 만나다 1

불 뿜는 용처럼 생긴 과일
처음 본 순간
당신의 붉은 얼굴이 환영처럼 비쳤답니다

속속들이 짙붉은 홍육화룡과(紅肉火龍果)
그 안을 열다 내 손이 빨갛게 물들고
핏물이 흐르는 은빛 칼

아, 뼛속까지 붉게 물들어야 혁명이겠지요

세상의 모든 것에 졌지만
나 자신에게는 승리했다

당신의 말을 입술에 얹어봅니다
온몸이 뜨거워지고
혁명과 함께 당신이 다시 내게 태어납니다

숨을 헐떡이며 비틀비틀 일어서는

난산의 포유류 새끼
혁명은 그런 것이겠지요

화룡과 하나 핏빛 손으로 받아듭니다

---

* 김산(1905~1938): 혁명가, 항일독립투사, 아나키스트.

아나키스트 김산을 만나다 2
—광저우 주강에서

그래요 혁명의 길은 아직 여기서 끝난 것이 아니지요

당신처럼 나도 어딘가에서 젊음을 잃어버리고 말았어요
내 가슴이 일러주었어요 휘어진 강을 따라 가라고
당신도 가슴이 시키는 대로 거친 강을 따라왔겠지요

눈물이 다 슬어 소금덩이가 된 당신
바람의 거센 끌질
긁힌 자국
아침 빛에 더 빛납니다

당신의 이름을 입술에 올리면 소금 버석거리는 소리가 나고
소금알들이 반짝입니다
혁명은
꿈꾸는 거라고

그래요 혁명은 지금 여기서 계속되는 것이겠지요

저녁놀에 물든 당신
슬쩍 누르기만 해도 피가 스며 나올 것처럼 붉은 얼굴
저 강도 지금 하혈 중입니다

혁명의 강가
물에 빠진 소금처럼 사라진 당신
그러나 당신의 심장 소리에 귀를 연 사람들 그 핏속에 녹아 있어요

먼 길의 저녁 강가에서 나 또한 그 옛날 당신처럼 뜨거운 피의 흐름에 나의 전부를 맡깁니다

그래요 혁명은 꿈꾸는 자에서 꿈꾸는 자에게로 피처럼 도는 것이겠지요

별

바람 솟는 밤 지상의 아픈 것들 하늘에 올라 별이 되나요
별들이 지나는 길목 천공의 등뼈가 휘고 있어요

내 별의 항로에서 나는 얼마나 멀리 비껴나 있는 것인지
흰 나리꽃은 내 화병에서 썩어가고

죽음을 봉인한 편지봉투 그 피 묻은 입술을 열었어요
맨드라미 씨처럼 왈칵 쏟아진 비명
주워 담을 수 없었어요

죽음의 암초
피의 격류
청춘은
파란 거머리
내 피를 다 빨아버리고 말았어요

가시덤불 속 꽃은 왜 그토록 몸부림쳐 피는지
오늘 오후를 탱고에 다 바쳐야 했어요

벼랑 끝 아스라한 은방울꽃
내 절망의 깊이예요

뒤틀린 별자리들
새떼들이 날개를 꺾어 늪으로 떨어지는 꿈
어둠의 심연을 들여다보기 두려워요

바람은 깊은 밤 속으로 별들을 휘몰고
나는 처음으로 상처를 깊이 들여다봐요

상처마다 들어와 박히는 별들
빛의 길을 얼마나 달려온 것인지
어쩌면 그 별 중 더러는 지금 절대어둠일지 몰라요

지상의 아픈 것들 하늘에 올라 별이 되나요
바람은 더 세차게 별들을 몰고
폐허의 뜰
나는 내 별의 항로를 다시 찾아보아요

투명한 그물

일렁이는 맑은 물

눈이 시리게 투명한

깊이를 알 수 없는

내 전부를 사로잡는

그만 은빛 비늘로 숨 막히게 파닥이고 싶은

무모히 아름다운 스무 살처럼

사랑이라는 죽음

그냥 한없이 빠져드는

투명한 마린 블루

죽음의 무도

숨김없는 초원은
위태한 매혹

낮게 도사린 사자
천둥의 포효
죽음의 무도가 시작된다

튀는 가젤들
발굽이 다 떨어져나가고
온몸 그대로 숨통이다

숨통이 터지도록
터지도록
광활한 초원이다

겨울에 서다

시베리아 평원은 바람을 방목해요
보풀을 세우는 눈송이들

안온은 위험해요 잠든 채 영영 얼음에 갇힐 수 있답니다

외로운 여자는 격렬한 불이에요
바람으로밖에 알 수 없는 신비랍니다

무색무취 무미의 보드카는 투명한 불이에요
순도 높은 그 불을 삼키고 절대적이고 싶을 때가 있죠
뛰는 겨울 심장을 만져볼 수 있는 시간이에요

날이 잘 선 칼에 베이고 싶을 때도 있죠
상처를 깊이 이해할 수 있는 순간이니까요

내게 비겁할 때
눈 내린 평원 한가운데 선 나목이고 싶어져요
적나라하게 나일 수 있으니까요

바람이 갈기를 날리네요
한껏 눈송이들 부풀고

빙설 위에 몸을 세운 자작나무들 외롭고 높은 소리로 은빛 달을 부풀려 올려요

이제 길들지 않은 시베리아 평원에 나를 고스란히 맡길까 해요
눈빛 싱싱한 흰 늑대를 만나는 곳이니까요

제일 깨끗한 내 별자리를 찾을 수 있는 곳이니까요

등부터 겨울이 온다

등부터 겨울이 온다
반쯤 열린 뒷문의 귀가
마른 풀 살랑이는 산그늘 쪽으로 기울고
웅덩이에 살얼음이 끼기 시작한다
그대의 등이 설핏 보였을 때 그곳이
그대의 속울음이 고였던 자리라는 걸
나의 벽지라는 걸
시린 등으로 알았다
그대 없어 등이 더 어둡고 시리다
뒷문 곁 강아지 등에 손을 얹는다
앞산 뒤켠으로 아직 남은 빛이 환하다
한때 비겁하게 비수를 감춘 적이 있다
내 등에 통증이 왔다
내 등이 얼마나 가파른지
지나는 바람이 일러주었다
가끔 내 등에서 벌레 먹은 가랑잎이 서걱인다
이제 쓸쓸한 등으로 나를 다 보이고 싶다
서글픈 일로 서글프고 싶다

어둠이 오고 저마다 제 깊은 곳으로 들어선다
군불을 지펴 지붕 위로 순한 연기를 피워 올려야겠다
겨우내 그대의 등에 곤히 등을 대야겠다

나비잠

맨발로 뛰놀던 아기

팔을 머리 위로 펼쳐 잔다

슬픔도 스며들 수 없다

죽음도 들어설 수 없다

얇은 수건조차 얹을 수 없다

황천반점(黃泉飯店)에서

누구나 홀로 죽음과 길 떠나는 세상
얼키설키 뒤얽혀 지지고 볶고 산다
비굴 한 접시와 치욕 한 접시로
하루치의 치사량을 견디며
굽은 숟가락으로 하루씩 목숨을 퍼먹는다
무릉도원을 찾아 헤매다
삼거리 갈림길 가 황천반점에 몸을 부린다
마당 한복판 늙은 나무 아래
젖을 물리는 어미개가 얼마나 혀로 핥았나
밥그릇에 빛이 난다
나직한 지붕 아래
불처럼 뜨겁게 소리치며 지지고 볶는 부부
서리서리 얽힌 면 한 접시 뚝딱 내와 내 몸을 모신다
볶은 면 한 접시, 산 자의 한 끼
깨끗이 비운다
세상 한 귀퉁이 황천반점
저승길 마지막 식사 다시 예 와 들고 싶다

비 오는 날의 수채화

우우우, 빗속의 유령들
하나 둘 화사한 둥근 관 속으로 들어가요
거리 아래를 내려다보는 내 눈은
징검다리처럼 놓인 그 관들을
빗방울처럼 가볍게 밟으며 길 너머까지 갔다 와요
흔들리는 유령들의 머리에서 생각들이 흘러나와요
포크로 스파게티 지렁이를 둘둘 말아 올리거나
라떼의 크림하트를 삼키거나
눈동자에 영화 필름을 감아 돌려요
우우우, 관을 길쭉하게 접어 들고
이층 나무계단을 올라 빗방울을 뚝뚝 떨어뜨리며
성큼성큼 걸어오는 유령
벽시계의 바늘이 알레그로로 되돌고
내 얼굴과 겹치네요
오래도록 비어 있는 앞자리
탁자 위에 성냥개비 목탑이 솟고
자욱한 담배연기 속 난 그때 정말 유령이었어요
그 후 그날은 달력에 없는 유령의 날이 되었어요

우우우, 비 젖은 길쭉한 관을 들고
그가 일어나 가네요
그가 문을 닫아 제 몸을 지우자
문에 달린 풍경에서 소리가 한 떨기 떨어져요
창 너머 검은 관 속에 몸을 넣고
잠시 그가 거리에 서 있네요
급히 내 붉은 눈을 사거리 신호등에 걸어보지만
금세 그는 사라져 보이지 않네요, 우우우

적막한 입

유리잔, 선반에서 미끄러져 바닥에 이마를 찧는다

고요가 깨진 자리, 날카로운 이빨들

다가가자 손끝을 문다

못다 한 말들은 가슴에 묻어 무덤을 만들 때가 있다

그러나 차마 말할 수 없는 것들

흐느낌으로 터지거나 단말마의 비명으로 뛰쳐나온다

무덤에서 새어나오는 울음을 들어본 적이 있는가

아마 주인은 가장 외로운 사람일 것이다

겨우내 적막한 유리잔

견딜 수 없는 고요를 엎지르고 싶었는지도 모른다

바닥을 문질러본다

미세한 소리들이 지문에 박힌다

검은 상처의 블루스

그해, 깊은 가을이 아버지를 삼켰다

그의 살, 뼈, 피, 사랑, 상처를 휘휘 저어 검은 태양을 구웠다

바삭한 초코쿠키처럼 얇게, 깊이 없이

설탕의 피는 섞이지 않았다

그는 뱃속에 태양을 길렀다

소년은, 태양을 꺼내 장미에 한 줌씩 불을 붙였다

태양 속 어둠은 보이지 않았다

슬픔이 뱃속에 서릿발처럼 서는 나이

문득 그의 검은 태양을 들여다본다

그만이 아는 그늘의 깊이

그의 태양도 바늘의 키스로 돈다는 사실

장미 가시를 그의 입술에 댄다

골마다 감춰진 것들이 둥글게 풀려나온다

한 바퀴, 전생의 가을까지 다 돈다

장미의 불이 꺼진 지 오래

남은 상처가 목에 걸린다

오월

빛의 금관을 쓴
하얀 팬지

발꿈치에 깃털을 달고 아침을 여는 신부

투계

사나와져야 피어오르는
광포한 꽃

참혹히 피고 지는
허공 속
폐허의 꽃

혜초와 함께 새 천축국(天竺國)에 가다

강에 달이 떠 있다 지금 천 개의 강에 달이 비칠 것이다 강물에 뜬 달을 잡으려다 천 년 전 한 시인은 강에 빠져 죽었다 술에 취해서였을까 아름다움을 탐해서였을까 잡히지 않는 무엇을 애써 잡으려 했던 것이 아닐까 그 무엇을 말이다

인도 홀리 축제

공중에 내던져진 봉지들
폭죽처럼 터지는 온갖 색 가루들

각다귀처럼 춤추는 저 원색의 몸짓을 보라
삶은 본디 색의 나툼, 색의 향연

흰 빛에 갇히는 것은 제 빛을 빼앗기는 것
죽은 자들만이 검은 빛에 갇혀 있을 뿐

색 가루 각다귀들의 저 원색의 춤을 보라

하루로서 천년이다

던킨 도넛

제 안을 비워 연
도넛의 세계

그 텅 빈 세계 속
내리는 함박눈이 보이고
먹는 것에 홀딱 빠진 아이가 보인다

가루설탕을 입술에 묻히며 도넛을 한 바퀴 돈다

어느 새 첫 입 자리
사라진 텅 빈 세계

본 세계 그대로다

베스킨라빈스

찰나에 영원을 맛보이는
아이스크림 부처

아이스크림 부처를 모신
찰나에 아름다운 사람들

소멸의 길, 생생하다

제2부

앙리 마티스
—춤

손잡고 도는

알몸의 다섯 여자들

태양의 춤

깨끗한 피가 돈다

나무와 새
—오규원

언덕 위 나무

긴 손으로 바람을 그리고

새의 길을 안으로 구부리고

열 손가락으로 새와 이야기하고

비로소 심장을 갖다

고흐의 방

강렬한 색채가
불안하다

잘 정돈된 방이
불안하다

의자 둘
화병 둘
베개 둘
초상화 둘

한 쌍의 그 사이가
더 불안하다

천사의 밀롱가
—피아졸라의 탱고

부둣가 생선 비린내

술통 같은 사내들 냄새

희미한 사창의 불빛

인간의 심연 맨 밑에 깔린 것

슬픔이라는 것

슬픔이 인간을 가장 잘 알게 해준다는 것

골목을 끼고 돌다

뒤돌아 어둠의 자취를 바라보다 바라보다

거기서 너를 만났고

네 목소리를 들었고

아, 그것은 나의 아니 모두의 흐느낌

골목 한 귀퉁이에서 오래도록 서서 들었다

폭설

세상 깊이 내리는 눈

소리의 길마저 모두 지워지고

몸을 파는 나타샤

하염없이, 하염없는 눈을 본다

그녀의 눈에 눈은 얼마나 깨끗한가!

눈을 보는 그녀의 눈은 또 얼마나 순연(純然)한가!

때로 사랑은 순정한 제물을 요구한다

얼마나 거룩한가!

또 얼마나 가혹한가!

차마 밟을 수 없는 저 숫눈

차마 빤히 들여다볼 수 없는 그녀의 눈

천국도 지옥도 없다

죄도 없다

하염없는 눈과 하염없이 바라보는 눈만 있을 뿐

천국을 꿈꾸지 않는 시
—김종삼

천국의 문설주는 인간의 피로 붉다

천국을 지운 언어의 방

투명하다

죽은 공간이 없다

사람 체취 없는 언어

적막 속 눈부시다

가르시아 로르카의 손

어둠이 오고
슬픈 손
양초에서 질붉은 꽃을 꺼낸다

(얼마나 뜨겁고 화사한 절망인가!)

새벽이 오고
외로운 손
얼음에서 연푸른 거울을 꺼낸다

(얼마나 차갑고 투명한 절망인가!)

바람이 불고
쓸쓸한 손
돌에서 하얀 새를 꺼낸다

(얼마나 자유롭고 가벼운 절망인가!)

오후 세 시
—바슐라르 몽상의 시학

고요히 가르랑거리는
모래시계

바구니 속 시드는 모과
향이 짙다

떨어진 꽃잎에서
가벼이 숨결이 일고
주홍빛 기억이 반짝이고

바람의 말을 전하는
덩굴손의 수화
창에 바다를 그려 넣는다

출렁이는 묘지
푸른 춤
은빛 날개가 돋는 물방울

수평선 너머
다스한 구름에서 갓 부화된
낮달

부푼 돛을 달고
하얀 산호섬에 닿는다

붓꽃이 있는 풍경
—자화상

앞뜰의 노란 붓꽃이
잠시 실바람을 그리고
고양이의 줄무늬 건반을 살짝 치다 치우고
허공에 방울새를 띄웠다 지우고
나를 금생의 한 풍경으로 쓸쓸히 앉혔다

누가 후생에서 쓸쓸히 나를 보고 있다

은밀한 편식
—어느 오디오 狂의 식성

그의 귀는 깨끗한 소리를 탐한다

첫 이슬의 투명한 소리로 귓속 달팽이를 깨우고

맑은 소리를 찾아다니며 맑은 그 맛에 미쳐 산다

먼 바다에서 갓 돌아온 은어의 은빛 소리를 좇고

숲속 깊이 방울꽃에서 피는 산뜻한 소리를 즐긴다

점점 더 맑은 쪽으로 기운다

식물감각*

—샤갈의 풍으로

봄이 푸른 손으로 공기를 반죽해 새 숨을 불어넣는다

진달래꽃 속눈썹 위에 이슬 몇 방울이 반짝인다

날개를 펴 날아오르는 코르크 마개

와인이 샘솟고 손 안에 붉은 튤립이 피어오른다

부푼 몸속 태양이 눈뜨고 초록바람이 숨쉬고

죽음, 절망, 슬픔의 말들이 파릇파릇 춤을 싹틔운다

---

* 식물감각: 파주 헤이리 마을에 있는 이탈리아 와인 레스토랑.

두 번의 새벽, 그 사이의 풍경
—에릭 사티의 그노시엔을 듣다

푸른 그믐달

날이 선 낫

애를 끊는 고통

사랑의 태동

여명의 눈동자

싹트는 그림자

울대를 잃은 수탉

잠든 풍향계

금이 간 접시

식은 감자 몇 개

곰팡이 핀 입술

검은 날개를 편 포자들

어둠을 입에 문 창(窓)

파리한 얼굴

성에 낀 가면

입김의 손길

흐르는 눈물

헤엄치는 은어

샛강의 비탈

닻을 내리는 달

새벽이 움켜쥔 서릿발

슬픔의 창(槍)

수정 깃펜

하늘로 솟는 새

길

되돌아갈 수 없는 길, 뒤돌아본다

뼈아픈 후회들, 입 가득 가시엉겅퀴를 물 뿐이다

저기 저 나무 아래

마지막, 신을 벗어놓을지 모른다

거기서 하늘을 바라보는 내 눈은 얼마나 투명할까

죄의 열매는 또 얼마나 달까

서리꽃 피고 새파란 하늘, 서럽도록 차가운 아침

내 마지막 날이기를!

아찔하게 아름다운 그날 저기 저 나무를 지나

죽음과 함께 써늘히 맨발로 걸어가기를!

뒤돌아보지 않고

패러독스 씨의 독백

안개 낀 잠 속 철 지난 뻐꾸기를 찾아 나섭니다
새벽이 내 얼굴에서 쌍둥이 풀쐐기를 채집합니다
깨어나 안개를 털어냅니다
길들인 소파에 나를 길들이고
하품을 하며 나의 탄력을 알아봅니다
나는 누구일까, 얼굴을 새로 반죽합니다
사실 옆집 고양이는 나를 모릅니다
나의 향수, 뿌르 옴므를 압니다
입김을 불어 순면으로 거울을 닦아
그 앞에 선 나는 더 모호할 뿐
입증되지 않은 죄만 분명합니다
현관의 귀를 열고 나섭니다
안개 낀 날은 맑습니다
세상의 속이 더 궁금합니다
배수관에 달라붙은 달팽이들
으스러지는 점자들
검지 끝이 놀라 소스라칩니다
참혹한 오독입니다

주머니 속 구멍을 발견해 손가락 내시경으로 길을 더듬어 갑니다
진료실 의사가 도수 높은 안경을 쓰고 내 안을 들여다봅니다
X—레이만큼 내 속을 잘 아는 것도 없습니다
또 그것만큼 내 겉을 전혀 모르는 것도 없습니다
타인을 나를 껴안을 수 없이
병원 밖 십자로에 모래기둥처럼 서 있습니다
꺾인 길에서 발가락 티눈이 실명합니다
앞으로 길을 더 잘 볼 수 있을 겁니다
아무것도 쥐지 않은 손을 펴 읽습니다
끊어지고 얽힌 길들, 고장 난 나침반
헤매다 안개 낀 잠 속
죽은 뻐꾸기를 벽시계에서 발견합니다
매복한 시간들이 일어섭니다
내가 없는 꿈에서 곧 깨어납니다
맑은 날입니다

피안의 섬

섬에 나서 벼랑 끝 섬백리향이 된 여자가 있다

대처에 나갔다 돌아와 외로움과 사는 여자
그 사내를 길들이지 않는다
방목한다
그래야 숨통이 트인다

바람의 갈기와 파도의 발굽을 가진 사내
거칠수록 팔팔하다

해를 끌어올리고 삼키는 그 사내
살이 뜨겁다

죽어 섬에 뼈를 묻는 일
섬의 밑뿌리에 가닿는 일

죽어 사내와 섬에 같이 묻히고 싶은
섬백리향 여자

사내와 살을 섞는 밤, 피안이다

시시포스 나비

바위 위 나비가 몸을 부린다

생의 마지막 착지까지 자신을 올렸다 내려놓는 일

그 아찔한 노역

그동안 나비를 오역했다

이 세상 나비처럼 가벼이 건너고 싶다는 말, 거두기로 한다

제3부

타클라마칸

모래구렁 속
바동거리는 나

아아 마음의 감옥

어쩌면
빠져나가지 못하게 나를 가두려는 건
나일지 몰라

죽은 암소를 위한 파반느

한 잎 한 잎
바람이
뜰에 벚꽃을 수놓아요

달리아 꽃송이 같은
화려한 꽃등심
자 오세요
우아하게
한 입 한 입
암소를 먹어치우자고요

빛의 카펫이 깔린 뜰 가득
한 잎 한 잎
새겨진 벚꽃 무늬

자 오세요
화사한 눈요기도 누리며
한 입 한 입

암소를 먹어치우자고요
내일이 사뿐 관을 들고 올 때까지

자 오세요
기품 있게
한 입 한 입
암소의 영혼까지 먹어치우자고요
입속이
텅 빈 동굴이 되도록

적막을 위한 미사

아침, 부풀은 빛의 반죽

곁에 없는 사람을 향해 진분홍 눈을 뜨는 열 손가락

서른두 번째 생일 선물, 새하얀 종이풍금

소리 없이 걸어가는 줄무늬고양이

서른두 개의 건반이 낼 수 있는 음은 침묵

한때 촉촉한 키스 속에서 튀어나온 버찌들

서른두 개의 건반이 낼 수 있는 음은 침묵

시계의 굳은 손가락이 끝내 꺼내지 못한 음들

숨죽인 종이풍금

시나몬 커피잔 그 식은 입술

한입 떼어 문 빛의 빵, 푸석한 마른 꽃 냄새

찰스 부코스키*의 튼 입술

1. 비정추야(非情秋夜)

가을밤 찬비 내린다
날이 선 풀벌레 울음
돌아눕는 이의 애를 다 끊는다

쫓아도 기어드는 날벌레
끝내
엄지로 눌러버린다

2. 하이 눈(High Noon)

산비탈
덫에 걸려 몸부림치는 고라니
털썩 바닥에 자신을 내려놓고
기다린다
드디어 나타나는

포수, 숨죽여 보는 고라니
포수는 안다
연민은 위험한 짐승이다
고라니의 눈을 들여다보는 것은
위태한 일
자신을 들여다보는 일이다
흔들림 없이 단방에
숨통을 끊어야 한다
짧아야 깨끗하다
방아쇠를 당긴다

돌아서
담뱃불을 붙인다

3. 포기할 수 없는 것

생선을 물고 튀는

고양이
연탄집게를 쥐고 뒤쫓는
실직한 사내
막다른 골목 끝
멈춰선 고양이
뒤돌아 사내를 노려본다
연탄집게로 으름장을 놓는 사내
고양이 목덜미를 누른다
그러나 끝까지
입에 문 생선을 놓지 않는다
고양이 눈에서
무언가를 목격한 사내

삐쩍 말랐군

가시처럼 목에 걸린 단 한 마디
가까스로 뱉는다
집게를 떼고

돌아선다

4. 지옥과 천국의 계단에서

지하로 내려가는 계단
앵벌이를 만났다
무릎을 꿇고 구걸하며
남의 연민을 뜯어먹고 사는 자들
사람의 심장에
납덩이 추를 달아놓는 자들
한 계단
한 계단
무겁게
내려간다

올라가는 계단
또 앵벌이와 마주쳤다

철면피가 되기로 작심한다
그런데
손이 자꾸
주머니로 간다
그래, 양심은 살려야지
동전 몇 개를
만지작거린다
그래, 늙은이잖아
주머니를 다 턴다

너 또 속은 거야
빌어먹을!

5. 꿈을 꿀 자격

밑바닥은 우리의 차지
누추한 거리에서

꽃을 팔고
과일을 팔고
노래를 팔고
몸을 팔고
마약을 팔기도 하지만
팔지 않는 것이 있다
그것은 바로
인디오 영혼
뭐라 해도 우리는 인디오니까
짓밟히고 내쫓기어도
목숨을 구걸하지 않는다
본래 목숨은
우리의 것이니까
밑바닥 우리는 글을 모른다
그러나 사람은 안다
이 거리 사람들은
꽃처럼 웃고 비처럼 울고
서로 어깨를 빌려준다

인디오는 어디로 가나?

우리의 슬픈 노래이지만
죽어서, 천국에 가지 않는다
살아서, 여기 있다
여기가
지옥이자 천국이니까
밑바닥 우리에게도
내일이 있다
꿈을 꿀 자격이 있다

오늘을 버티었으니까

---

*찰스 부코스키: '빈민가의 계관시인'이라 불리는 독일계 미국 작가.

빛의 음화(陰畵)

1

나무의 잠귀에 꽃을 달아주는 봄
그 손길도 닿지 않고
어둠의 눈을 들여다본 자에게만 보이는 나무

까마귀 마른 깃털이 붙어 있고
귀 잘린 그믐달이 걸려 있고

피었다 바람에 날리는
검은 얼굴들

2

거울 속 나에게 손을 내민 순간
뚝뚝 떨어져버리는 내 손가락들
꿈 아닌 꿈처럼

연못 속 썩어가는 물방개와
물거품을 뿜는 수렁의 아가리와

늦가을의 손끝에서 푹 꺼져버리는 늙은 호박과
무덤 속 두개골을 움켜쥔 아카시아 뿌리와
언 발자국 속 치솟은 서리의 이빨과
태양을 향해 날아가는 안개의 날개와

꿈 아닌 꿈처럼
거울 속
지워져버리는 나의 눈, 코, 입

3
어둠이 오고
유리창 속 불현듯 마주한
검푸른 얼굴

사산된 빛
어둠의 봉지에 담겨 세상 밖으로 내던져지고

나, 내 마지막 날에 이미 와 돌처럼 하얗게 운다

4

우악스레 뻗은 손들
내 머리를 석류처럼 비틀어 딴다

내 두개골을 게걸스레 파먹고 쓰레기통에 처박아 버린다

태양은 또다시 떠오르고
죽은 나는 또
세상의 광란을 본다

지옥의 만다라

1

극락전 뒤뜰
흐드러진 만첩홍매화

그 눈부심 아래
아름다움을 탐하는 죄 하나 지어도 좋을 듯

봄날 하루
각혈의 병쯤 앓아도 좋을 듯

2

건져 올린 비취빛 그릇에서 버들잎 떠다니고
천년의 잠에서 깨어나 앵무새 한 쌍 나란히 난다
옛 도공은 연꽃을 타고 극락왕생이다

물비늘을 세우고 광포한 춤을 추는 바다
나는 익사한 지 이미 오래
온통 해파리 떼 엉기어 붙고

홍합들이 내 썩은 영혼에 박쥐처럼 들러붙는다
죽음이 나를 인양하며 일러 아귀라 한다

암초 이빨을 드러내고 광포히 노래하는 바다
써늘한 비애는 화사한 독초
심장 가득 독약이 끓어 넘친다

마른 모래에서 황홀히 붉은 꽃이 핀다

3
하루 내내
유마경을 읽었다

끝내 입가의 물집이 터졌다

뒤뜰 환히
영산홍이
봉오리를 열었다

날

창틈으로 들어온 빛
날이 서 있다
자리를 바로 고쳐 앉는다

날이 서야 칼이 살아있다
제게 베여도 좋도록 날을 세워야 하는 까닭이다

양 날개에 날을 세운 나비면도날
지나간 자리 깨끗하다

숫돌에 새로이 날을 간 초승달
견자(見者)의 눈매도 날이 서 빛난다

창틈으로 내리꽂힌 빛
맑은 저 날에
선뜻 목을 내주고 싶다

흑단거울

생을 지옥에서 다 보냈나 보다

속까지 다 타 이토록 암흑이라니

천둥을 들여 굳히기까지

번개의 눈빛을 훔치기까지

천만 번도 더 가슴을 조였을 것이다

누구나 와 서면 제 안의 어둠을 엿보게 되는 흑단거울

순면으로 닦아 오래 들여다본다

단단한 어둠, 빛이 난다

생을 지옥에서 다 보낼 만하다

발작

한낮 땡볕 잔디밭

줄달음질치며 풀잎 건반을 난타하는 도마뱀
치솟아 춤을 폈다 접는 풀무치

고요 속 도사린 것들
그 도발적인 발작
산다는 건 그런 것

치닫는 숨길 끝
한입 그득 가시찔레를 삼킨
여름의 아가리

입속의 정원

발그레한 둥근 문
하얀 바위들
넘치는 샘

혀의 온상에서 자라는
비애, 금잔화
질투, 노란 장미
쾌락, 튜베로우즈
애증, 겹꽃

마지막 열린
검푸른 문
마른 가시엉겅퀴 한 다발

사랑남녀

1

여자는

아름다운 틈*

눈 덮인 크레바스

남자가 단번에 추락할 수 있는 것은

백팔 층의 탑이 아무 까닭 없이

바람에 무릎을 꿇는 것

찰나에 나타나는

아찔한 신비

2

태양폭풍의 여자

휘날리는 붉은 머리카락

솟은 것들을 휘감아 뿌리째 뒤흔들며
근원에 이르는 것
격렬하다

최초의 전쟁
최후의 전쟁

3
초승달
예쁜 틈

섬세히
보름달로 부푸는 여자

그믐밤
은빛 달이 닫히고
남자의 순교

그 순간
가장 빛나는 별이 뜬다

---

*박연준 시인의 「베누스 푸디카」 중에서.

초원길에서

손님의 먼 걸음을 위해 살찐 양을 고릅니다
양을 잡는 일은 성스러운 일이라
땅에 피를 흘리지 않습니다
속이 다 드러난 양
그 뱃속에 달궈진 돌을 넣습니다
기다림은 순정한 기도입니다
속속들이 잘 익어 탁자에 오른 양
신성한 음식으로 새로 태어나
젓가락을 드는 일조차 거룩한 의식이 됩니다
죄조차 순결해지는 때입니다
산들바람이 하늘에 양떼를 몰고
하얀 게르가 부풀어 오릅니다
마두금은 어둠 속에서 초승달을 꺼내 동쪽에 내걸고
먼 별들까지 또렷이 하늘에 뿌려놓습니다
속가슴을 열지 않고서야 어찌 온전히
밤하늘을 송두리째 들일 수 있겠습니까
이런 밤은 나도 속까지 다 바뀝니다
환골탈태한 목숨이 별처럼 빛납니다

사과 속의 집
—시집, 시의 집, 나의 집

사과 속에 집을 하나 짓는다
영원은 타지마할에 두고
천국은 둔황에 두고
지금 나는
촉촉하고 부드러운 시간에 혀를 댄다
그러나 나는 안다
빛의 날개를 꿈꾸지 않으면
여기가
무덤이라는 것을
하여 나는 지금 여기
온몸을 꿈틀거리며
사과 속에 집을 하나 짓는다

눈꽃 한 송이

눈꽃이 피어 내린다

투명한 날개를 달기 위해
가슴 조여야 했을 물방울과
새하얀 깃털을 갖기 위해
허공을 견뎌야 했을 구름을 생각하고
손을 펴 받는
눈꽃 한 송이
내 골진 길로 녹아 흐른다

물 한 방울로 되돌아가는 길
슬프도록 가볍다

죽은 천사들

1

비가 옵니다
우산 속 아이, 혼자만으로도 한 우주입니다
빗방울의 탭댄스, 빗방울의 발레
옹알이 같은 혼잣말의 신비
신도 악마도 들어설 수 없이 그대로 한 우주입니다
아, 대포가 아가리를 벌린 순간
골목의 척추가 부러지고
작은 문들이 죽은 물고기처럼 뒤집히고
잔뜩 웅크린 아이, 실탄을 장전한 권총 같습니다
아무도 그의 목구멍에 걸린 공포를 꺼낼 수 없습니다

시체를 담은 관조차 흔들흔들 일어나
*참나무 다리로 걸어가게 만드는 그런 말**

그런 말을 입에서 칼처럼 뽑을 수 있는 이 어디 있습니까
녹이 슨 굽은 못에서 핏발선 물방울이 눈을 뜹니다

2

12월이 달력에 흑백 판화를 찍어놓았습니다
밥그릇을 들고 엄마를 올려다보는 텅 빈 눈의 아이들
그들의 눈을 들여다보기 두렵습니다
눈보라가 날립니다
크리스마스 노래가 은종과 함께 반짝입니다
잔인한 은총입니다
생각 찜통을 불에 올립니다
눈을 뭉쳐 넣자 찐빵이 나옵니다
따스한 기적입니다
신을 넣어도, 악마를 넣어도 찐빵이 나옵니다
김이 피어나 안개 낀 샤갈의 마을 같습니다
엄마의 손이 아이들 빈 그릇에 하나씩 찐빵을 담고
바이올린 줄이 아이들의 영혼을 꿰어 꽃목걸이를 만듭니다
참혹하고 아름다운 성탄, 성스러운 탄생입니다

---

*마야코프스키의 「미완성의 시」 중에서.

슬픈 독설

> 나는 이 낮고 낮은 땅에 왜 왔을까? 즐겁게 지내려고? 형벌로?
> 무언가 알 수 없는 임무로? 휴식 삼아? 아니면 그냥 우연히?
> —에릭 사티

폴 발레리가 태어나 입에서 꺼낸 첫말은
열쇠, 였다지

빌어먹을!
아버지의 죽어가는 입이 뱉은, 마지막 말이었지

제4부

증발

산들바람에 나는 방울꽃처럼
투명하게 울렸네 풀잎 현에서
가을 아침 갓 씻긴 하늘
내 눈에도 쪽빛이 도네

푸른 길 위에서 점점 야위며
난 너무 일찍 슬픔을 알았네
내 얇은 눈꺼풀이 감기면
세상도 빛을 잃을까

난 아직 영원을 보지 못했네
그러나 사랑할 시간이 남았네
찰나에 엿보아서일까
세상이 내게서 더 반짝이네

고공 식사

불멸
거미가 가진 가장 슬픈 꿈
그러나 불멸
허공 높은 곳 거미가 집을 짓는 까닭

오랜 침묵 끝
날것들의 비상을 거머쥐고
오찬을 누리는 거미
날것의 죽음을 다시 빛실로 뽑는다

잡히지 않는 바람
그것을 자유로이 두어야
비로소 완성되는
텅 빈 집

아침 천 개의 이슬이 눈을 뜨는
찬연한 그러나 불멸을 위해
허물어야 하는 집

이 적막한 눈부심 속의
고공 식사

어쩔 수 없는 거미의 슬픈 작업
거미의 흔들리는 높이다

야생의 신조

투견은 안다
사나워야 개 같은 삶이다
개다운 삶이다

죽음만이 사슬을 끊는다
목줄에 숨통이 죄여도 길들지 않는다

싸움의 끝은 깨끗한 죽음
그 이상 그 이하도 아니다

원초의 자신을 되찾는 싸움판
투견의 해방구
개 같은, 개다운, 삶의 현장이다

네일 아트

바람 부는 날 여자가
손톱을 세운다

심장을 터뜨려 장미를 피우고
나비의 등에 깊이 침을 꽂는다

눈을 뜬 상처를 물고기로 풀어놓고
모래 위 간지러운 발자국을 찍는다

강을 건너는 바람의 발끝이 반짝이고
눈 속의 낮달이 젖은 깃을 털어 은빛 물방울을 뿌린다

바람 부는 날 여자가
하얀 고양이의 등 털을 일으키고 손톱을 세운다

화사한 갑충이 날개를 편다

생일

다시 태어난다는 것이 아마 이런 것인 듯
연어와 사프란의 산뜻한 변신

레드 와인
내 피의 격류

하얀 생크림 케이크
몰락의 극치

왈츠에서 나오는 한 쌍의 나비
춤추는 포크
웃음 폭죽
바삐 소리를 빚는 입
붉게 피는 글라스 튤립

광포히 녹는 크림
접시 위 거친 포크 발자국
끈적끈적한 글라스 입술

얼룩진 식탁 드레스
마지막 혀를 감춘 초

폐허의 유적 너머
밤의 입속으로 망고처럼 미끄러져 가는 조각달

잠 속에 녹아드는
각설탕 하루

그런 하루

머리 위에서 해가 깨지고
새들이 뜨거운 돌을 쪼고
꽃들이 발광하고
나, 부푼 달을 숨 막히도록 파먹은
그런 하루
깊은 잠에 빠진다

한 생을 온전히 다 산 듯하다

잿빛 눈물

우물가 한 구석 버려진 숫돌
그 캄캄한 속
아직도 쓱쓱 칼을 가는 소리가 들린다
아직도 흘리는 잿빛 눈물이 보인다

그 눈물에 날을 세우는 사내
제 눈물에 제 생의 날을 가는 것이다

베고 베어도 어둠은 무성한 검은 풀
낫을 갈 때에만 눈물을 흘리던 사내
날을 세우기 위해 냉가슴이 되어야 했던 사내
아예 숫돌 속으로 들어가 버렸다

숫돌을 쓰다듬는다
사내의 마른 눈물이 손에 묻는다

야생의 시

끝없이 자라나 솟는 장미의 손톱
움켜쥔 해가 터져 어두워지고
미간을 스친 불안
불발의 성냥처럼 짧은 섬광을 피우고
길을 알 수 없는 숲속
가시덤불처럼 거칠어진 내게 무모히 날아든 새
날개를 찢긴 채 붉은 내 열매를 쪼아 터뜨렸다

숲을 뚫고 새 달이 솟았다

시바의 시

깊은 밤 번개의 눈을 번뜩이며 석류의 피를 마시는 마녀
천둥의 심장을 뒤흔들며 거센 바람으로 머리를 빗는 마녀
초원에 소낙비를 몰고 와 금생의 속살을 적시는 마녀
황야에 피를 뿌려 미치도록 들장미를 피우는 마녀
얼음 관마저 터뜨려 눈부시게 하얀 불꽃을 튀기는 마녀

아, 백년에 한 번 있을까 말까 한 사랑!

시

아침의 아궁이에 깨끗한 불을 지피고
시린 손에 한 줌씩 불을 건네주는 여자
발꿈치에 파랑새의 깃털을 달고
실바람의 손으로 정원을 흔들어 깨우는 여자
금관처럼 내 머리 위에서 눈부시다

기뻐 물방울처럼 튀어 오르고
슬퍼 앵두처럼 터져버리는 여자
봄이 와 꽃나무의 몸살을 호되게 앓고
한껏 갈바람을 삼킨 채 풀씨처럼 날아가는 여자
내 열 손가락 끝을 폴짝폴짝 건너뛴다

무화과처럼 몸 안에 꽃을 숨기고
꽃의 피로 우는 여자
푸른 씨방을 달의 힘으로 키우고
석류처럼 익어가는 여자
내 입술 위에서 붉은 음악을 연주한다

입에서 휘파람새를 꺼내고
눈물방울 속에 물고기를 기르는 여자
조여드는 어둠에 창을 내고
별 하나 하나에 지상의 이름을 올려놓는 여자
내 눈망울을 천공에 띄워놓는다

장미의 불을 꺼뜨리지 않고
태양과 춤추는 여자
내 가슴 한복판 맨발로 뛰어다닌다

장밋빛 관에 네 개의 해를 달고

장밋빛 관에 네 개의 해를 달고 달린다
여름의 볼에 선크림을 바르고
여름의 눈에 선글라스를 씌우고
여름의 입에 바닷가재를 넣는다
심장에서 장미를 꺼내고
매를 풀어 하늘을 차지한다
비치호텔 나선형 계단을 맨발로 오르며
가슴 끝까지 바다를 끌어올리고
으슥한 몸에 푸른 물고기를 새긴다
밤의 잠옷에 달을 달고
별들의 빛나는 몰락을 꿈꾼다
아침의 손톱을 붉게 싹틔우고
아침의 입에 빛 좋은 버찌를 넣고
장밋빛 관에 다시 네 개의 해를 달고 달린다

생의 볼륨

소낙비 내리고 물오른 알몸, 탱고의 음표예요

살아있음을 참지 못해 바람구두를 신어요

발꿈치에 매발톱이 돋아요

춤추는 붉은 드레스, 활짝 핀 함박꽃이에요

숨이 찬 바이올린 네 줄, 끊어질 듯, 질, 듯

아, 생의 볼륨을 높여요 포플러나무 끝까지

장미의 독백

나를 사로잡으려면
불안한 눈빛
떨리는 손
가쁜 숨결로
짙붉은 나를 탱고처럼
네 안에 들여야 해
자유로운 내 춤이 얼마나 위험한지
아름다운 순간은 왜 그토록 위태한지
바이올린처럼 울어야 해
아니면
내 향기를 빼앗아갈 수 없어

햇솜 같은 아기

둥근 집을 늘리며
오지게
열 개의 달을 다 파먹고

마지막 젖 한 방울까지
쪽쪽 빠는
석류빛 입술

파멸을 탐하다

텃밭의 자두나무는 내게 나무 그 이상의 것

가지가 휘도록 달린 것들이
빛의 변주 속에 커 가기 시작하면
하늘 가까이 달린 것은 내게 늘 그리움 같은 것

몇몇은 서둘러 풋것을 따가고
몇몇은 손에 닿는 것을 입에 넣고

대나무 장대를 벗어난 것은
날개 달린 풍뎅이나 찌르레기들의 오찬

높은 바람을 삼키고 검붉을 대로 붉은
농익은 끝
두려움 없이 자신을 놓아버린 그
탐스러운 것

이른 아침 나는

나무 밑 이슬 젖은 풀 속을 더듬어
가슴 떨림으로 그 파멸을 탐했다

어느 하루

둥근 튤립 꽃밭 한가운데
허리를 껴안고 눈을 맞춘
두 남녀

해시계 속
그들의 그림자가 영원을 가리킨다

이 순간 사랑밖에는
아무것도 없다
또한 이 순간 모든 것이 존재한다

튤립 잔이 부딪치고
빛이 넘친다

해설

심장이여, 더 크게 더 높이

박동억(문학평론가)

1. 심장박동의 탐침

인간의 끝없는 욕망에 비교한다면 주어진 육체는 사소한 것이다. 인간의 손은 맛보고 마시기 위한 수단일 뿐 아니라, 거머쥐고 지배하고, 건축하여 높이 이르고자 하는 욕망을 실현하는 존재의 계단이다. 이러한 '욕망'에는 육체적 욕구나 사회적 명망을 충족시킬지라도 채워지지 않는 정신적 허기가 깃든다. 심장박동에 귀 기울여보라. 그것은 생명이 절대 멈추지 않는 욕망이라는 증거이다. 약동하는 피에 깃든 거친 생명력을 가두는 피부는 단지 헐거운 막(膜)에 지나지 않는다. 피부를 잃으면 생명력은 폭발할 것이다. 떨리는 손은 언제나 자신의 심장박동을 가늠하는 지진계인 동시에, 맥박이 가리키는 바를 세계에 필사하는 도구이다. 인간이라는 종의 규모로 보면 전원과 도시라는 영토를 이어받을 자손이란 더 진실하고, 더 아름다운 욕망을 향한 무한회귀이니, '나'의 내밀한 욕망은 매번 끝없는 생명의 급류 곁에 자신을 놓아둘 때 찾아온다.

바로 이윤훈 시인의 언어는 약동하는 피로부터, 폭발하는 심장으로부터 온다. 그의 시는 생명력의 화폭이며, 토대이다. 그의 시집에는 식물로부터 동물이 탄생하고, 동물로부터 별이 솟아나는 역동적 상상력이 빈번하게 전개된다. 제1부의 첫 번째로 수록된 시 「프리다 칼로의 심장」은 짧고 간결하며 극적인 변신을 보여준다. "단숨에 수박을 두 동강 낸다 //입을 쩍 벌린 암표범이 뛰쳐나온다"는 변신 모티프는 종(種)의 경계를 가로지르는 욕망의 전이를 보여준다. 줄기는 근육이 되고, 정주한 뿌리는 도약하는 다리가 된다. 벌어진 "수박"으로부터 발견되는 것은 과육(果肉)이 아니라 벌어진 "암표범"의 "입"이며, 그로부터 우리는 수박의 갈라지는 소리와 암표범의 울부짖음의 접합을 연상하게 된다. 이를 관통하는 것은 격렬한 생명력의 분출이다. 식물로부터 동물로의 자세 전환은 바로 욕망이 더 역동적인 육체를 얻기 위해 움직인 결과인 것이다.

그런데 비애로 가득했던 프리다 칼로의 생애처럼, 이윤훈의 식물 이미지와 동물 이미지로부터 표출되는 울부짖음에는 바로 비애가 담겨 있다. 애초에 모든 욕망은 결여를 채우기 위해 탄생하는 것이다. 독립운동가의 숭고한 피가 담긴 옛 "혁명의 강가"(「아나키스트 김산을 만나다 2」)를 계승하는 순간과 "맨드라미 씨처럼 왈칵 쏟아진 비명"(「별」)을 지르며 절망하는 순간은 언제나 한 쌍을 이룬다. 왜냐하면, 혁명의 계기는 절망스러운 현실 때문이기 마련이고, 절망에 빠진 자가 "내 별의 항로"(「별」)를 꿈꾸며 다시 일어설 때 혁명이 시작되기 때문이다. '별자리'와 같은 머나먼 이상(理想)을 꿈꾸는 정신을 사람들이 공유할 때 이를 시인은 '혁명'이라 부른다. "혁명은 꿈꾸는 자에서 꿈꾸는 자에게로 피처럼 도는 것"(「아나키스트 김산을 만나다 2」)이다. 진실한 욕망은 바로 '나'만의 욕망이 아닌 생명의 줄기를 따라 계승되는 핏빛 힘이다.

그러한 의미로 자신의 욕망을 고백한다는 것은 절대 사적인 것이 아니다. 조심스럽게 말하자면, 이윤훈 시인의 고백은 바로 시 「검은 상처의 블루스」에 드러난 것처럼 "그해, 깊은 가을이 아버지를 삼켰다"는 아픈 사실을 애도하면서 시작된다. 감당하기 어려운 육중한 상실은 자신의 피로 계승된 아버지를 증언해야 하는 의무로 이어진다. "검은 태양"이자 "슬픔"인 아버지의 존재는, 이제 시인이 아버지의 나이에 이르렀을 때 비로소 "한 바퀴, 전생의 가을까지" 돌며 되살아난다. 아버지를 닮아가며 비로소 시인은 "그만이 아는 그늘의 깊이"를 깨닫게 되며, 이제 그가 미처 고백하지 못한 "남은 상처"까지 말할 수 있게 되는 것이다. 따라서 고백하는 자의 혀는 자신의 욕망을 발설할 뿐 아니라 그의 핏속에 계승되어 오는 "그대의 속울음이 고였던 자리"(「등부터 겨울이 온다」)까지도 어루만지는 것이다.

한편 욕망이 우리 내면에 속해 있는 한 그것은 회피하거나 속일 수 있는 대상이 아니다. 인간은 단지 그러한 마음을 고백하거나 침묵할 수 있을 뿐이다. 이윤훈 시인에게 침묵은 주체의 죽음을 의미한다. 그는 자기 내면에 차마 말할 수 없는 것들이 있으며, "못다 한 말들은 가슴에 묻어 무덤을 만들 때가 있다"(「적막한 입」)고 고백한다. 마찬가지로 시 「비 오는 날의 수채화」에 담긴 황량한 풍경과 "유령"으로 전락한 인간은 바로 '말'을 잃어버린 자의 비애를 보여준다.

> 우우우, 빗속의 유령들
> 하나 둘 화사한 둥근 관 속으로 들어가요
> 거리 아래를 내려다보는 내 눈은
> 징검다리처럼 놓인 그 관들을
> 빗방울처럼 가볍게 밟으며 길 너머까지 갔다 와요
> 흔들리는 유령들의 머리에서 생각들이 흘러나와요
> 포크로 스파게티 지렁이를 둘둘 말아 올리거나
> 라떼의 크림하트를 삼키거나

눈동자에 영화 필름을 감아 돌려요
우우우, 관을 길쭉하게 접어 들고
이층 나무계단을 올라 빗방울을 뚝뚝 떨어뜨리며
성큼성큼 걸어오는 유령
벽시계의 바늘이 알레그로로 되돌고
내 얼굴과 겹치네요

—「비 오는 날의 수채화」 부분

생명의 역동을 좇는 시인의 눈에 비 내리는 도시의 적막과 한기는 견디기 힘든 죽음의 풍경인지도 모른다. 또한, 시민들이 "스파게티"와 "라떼"와 "영화 필름"을 향유하는 단조로운 일상으로부터 권태가 포착되는 것인지도 모른다. 그렇기 때문인지 사람들이 제각기 다른 우산을 쓰는 모습은 "화사한 둥근 관 속"으로 들어가는 모습으로 은유된다. 차갑게 식은 거리를 오가는 "둥근 관"들은 인간과 인간을 격리하는 둥근 창살인 셈이다. "길쭉한 관"에 불과한 접이식 우산을 들고 들어오는 한 사람은 "유령"인 양 나를 '스쳐 지나간다'. 인간적 온기가 빗물에 씻기고 있는 "유령"들의 거리 역시 마찬가지일 것이다. 그런데 가장 중요한 사실은 바로 그러한 관에 갇힌 "유령"과 "내 얼굴"이 다를 바 없다는 사실을 깨닫는 데 있다. 인간적 교감이 교환되지 않는 도시적 풍경 속에 모든 인간은 "유령"으로 전락해 있다.

시인이 저항하는 것은 바로 인간과 인간이 단절된 싸늘한 풍경이다. 그의 시는 자신의 욕망으로부터 아버지의 자식으로서, 생명이라는 종(種)의 일원으로서 고백하기 위해 나아간다. 시 「투계」의 제목인 '투계'란 시인 자신을 가리키는 것이며, 그가 투쟁하는 대상은 바로 차가운 유령들의 세계이다. 이 시에 시인은 "참혹히 피고 지는/허공 속/폐허의 꽃"을 형상화한다. 앞서 살펴보았듯 참혹은 인간이 둥근 울타리('관')에 자신을 가둘 때 발생한다. 그러나 꽃이 새로운 탄생을 위해 열매를 떨구듯, 시인은 침묵을 깨고 식물과 동물의 이미지에 자신을 의탁한다. 역동하는 것은 바로 생명의 무한한 가능성, 아직 이르지 못한 삶을 향한 치열한 갈증이다.

2. 맑은 쪽으로 기우는 귀

시인에게 생명력의 정수로 통찰되는 두 가지 대상이 있다. 하나는 예술이고, 다른 하나는 관능적 신체이다. 제2부에 주로 수록된 것은 예술에 관한 시편이다. 유독 이번 시집에는 시인 자신의 예술 취향을 적극적으로 드러낸다. 마티스·고흐·샤갈의 회화, 로르카·오규원·김종삼의 시, 사티·피아졸라의 음악 등 수많은 예술 작품이 언급되고 있으며, 백석의 「나와 나타샤와 흰 당나귀」를 연상케 하는 "나타샤"(「폭설」)나 랭보를 연상케 하는 "견자(見者)의 눈매"(「날」)와 같은 시어도 발견된다. 수많은 예술작품으로부터 매번 발견되는 것은 현실에서 벗어난 순결한 공간이다. "깨끗한 피"(「앙리 마티스—춤」) 또는 "사람 체취 없는 언어"(「천국을 꿈꾸지 않는 시—김종삼」), "하얀 산호섬"(「오후 세 시—바슐라르 몽상의 시학」) 등으로 표현되는 정화된 육체나 언어, 그리고 자연이 바로 그것이다. 바로 이러한 시인의 예술 취향은 시 「은밀한 편식」에 아주 잘 드러나 있다.

그의 귀는 깨끗한 소리를 탐한다

첫 이슬의 투명한 소리로 귓속 달팽이를 깨우고

맑은 소리를 찾아다니며 맑은 그 맛에 미쳐 산다

먼 바다에서 갓 돌아온 은어의 은빛 소리를 좇고

숲속 깊이 방울꽃에서 피는 산뜻한 소리를 즐긴다

점점 더 맑은 쪽으로 기운다

—「은밀한 편식—어느 오디오 狂의 식성」 전문

"첫 이슬의 투명한 소리"만을 발췌하는 귀가 있다. 태양이 막 깨어나고 처음 뿌린 햇살을 머금은 이슬의 광채는 보석과

도 같을 것이다. 그것은 첫 울음소리, 첫 기지개 등처럼 최초의 생명이 주는 순결한 인상을 느끼게 해준다. 또한, 그가 "오디오"로부터 좇는 음악은 바로 "먼 바다에서 갓 돌아온 은어의 은빛 소리"처럼 근원으로 되돌아가려는 지향을 품는다. "은빛 소리"란 고단과 비애를 훌훌 털어버리고, 강을 거슬러 올라 샘에 새로운 알을 흩뿌리기 위해 되돌아오는 그러한 율동미를 품고 있다. 마찬가지로 소음을 지우는 음악을, 먼지를 털어내는 화폭을, 순수한 언어를 그리워하며 "맑은 쪽"으로 기우는 편식의 귀는, 곧 시인의 예술 취향이자 예술적 지향을 가리킨다.

하지만 예술로부터 감지되는 순수함은 예술가들이 겪은 현실의 비애와 무관치 않을 것이다. 다시 말해 가장 아름다운 순수를 좇기 위해 예술가가 창작에 몰입하는 이유는 그가 벗어나고 싶은 현실의 절망감과 고독감과 비례할 것이다. 이윤훈 시인이 시 「가르시아 로르카의 손」에 "얼마나 자유롭고 가벼운 절망인가!" 하고 경탄하는 이유는 바로 그 때문이다. 예술적 자유와 절망은 투명한 물과 지독한 갈증처럼 언제나 한 쌍을 이룬다. 그들은 현실에 대해 고독해지는 만큼, 예술적으로 더 큰 자유를 얻었던 자들이다. 그렇기에 시인이 떠올려보는 것은 로르카의 "외로운 손"이기도 하다. 이처럼 예술가들의 고독을 가늠해보려는 문장들이 눈에 띈다. 시 「고흐의 방」에 고흐의 회화로부터 색채와 구도의 불안을 감지한다. 색은 지나치게 강렬하고, 의자, 화병, 베개, 초상화를 모두 두 개씩 놓아두는 강박을 보인다. "한 쌍의 그 사이가/더 불안하다"는 말처럼 두 사람을 위해 준비된 것으로 보이는 방은 관계에 관한 강박증을 보이는지도 모른다. 시인이 깊이 받아들이려는 것은 바로 그러한 비애와 고통을 사치품을 다루듯 감내하고 예술로 승화시키는 데 이르는 특별한 능력이다.

봄이 푸른 손으로 공기를 반죽해 새 숨을 불어넣는다

진달래꽃 속눈썹 위에 이슬 몇 방울이 반짝인다

날개를 펴 날아오르는 코르크 마개

와인이 샘솟고 손 안에 붉은 튤립이 피어오른다

부푼 몸속 태양이 눈뜨고 초록바람이 숨쉬고

죽음, 절망, 슬픔의 말들이 파릇파릇 춤을 싹틔운다
—「식물감각—샤갈의 풍으로」 전문

와인을 삼키는 황홀한 도취의 순간 풍경은 샤갈의 그림처럼 꿈의 세계로 옮아간다. 이 시의 와인은 "봄"과 "공기"의 음료이다. “날아오르는 코르크 마개”와 “샘솟는” 와인은 현실의 중력을 잊어버리고 인간을 나는 듯한 기분에 빠트리는 천상의 음료가 된다. 마찬가지로 봄의 들판이 우리에게 거대한 생장을 떠올리게 하듯 “초록바람”의 고양감은 똑같이 “몸속 태양”을 가없이 키우는 “춤”을 추도록 이끈다. 그런데 이 고양감과 도취감의 풍경에는 “죽음, 절망, 슬픔의 말들”이 뿌리내리고 있다. 발을 딛고 있는 현실의 토양이 바로 이러한 절망을 느끼게 하는, “와인”과 춤을 매개로 한 도약은 계속되어야 한다. 예술은 현실로부터 발뒤꿈치를 들어 올리기 위해, 더 큰 도약을 위해 요청되는 매개이다.

물론 도취의 순간이 끝나면 추락이 시작될 것이라는 예감이, 바로 위 시에는 잠복해 있다. 이와 동시에 모든 추락의 순간으로부터 시인은 도약을 준비할 것이다. 그리하여 시인은 다음과 같이 “여기가/지옥이자 천국이니까/밑바닥 우리에게도/내일이 있다/꿈을 꿀 자격이 있다//오늘을 버티었으니까”(「찰스 부코스키의 튼 입술」)라고 선언하기도 한다. 시인의 예술 취향은 곧 삶의 태도와도 직결된다. “극락전 뒤뜰”의 “만첩홍매화”를 꿈꾸며 불경(佛經)을 읽는 순간도(「지옥의 만다라」), “산들바람이 하늘에 양떼를 몰고” 유목하는 몸짓에 동참해보는 순간도(「초원길에서」) 바로 이러한 도약과 추락의 운동을 예비한다. 별로의 비행과 무덤으로의 전락을 오가는 이러한 몸부림은, “빛의 날개를 꿈꾸지 않으면/여기가/무덤이라는 것을"(「사과 속의 집—시집, 시의 집, 나의 집」) 확신하는 황홀한 '춤'이라 할 수 있다.

3. 생의 볼륨을 높여요

이윤훈 시인은 절망적인 현실에 대해 노골적으로 '지옥'이라 거듭 표현한다. 삶에 박락된 자신의 존재는 "사산된 빛"(「빛의 음화(陰畵)」)이라는 아직 태어난 적도 없는 죽음이다. 그는 절망을 단단히 굳혀 내면의 암흑이 비로소 자신을 비추는 거울로 변화되는 역전의 순간을 기다린다. "누구나 와 서면 제 안의 어둠을 엿보게 되는 흑단거울"(「흑단거울」)은 바로 슬픔과 비애를 굳혀 탄생하는 가장 어둡고, 가장 내밀한 거울을 가리킨다. 가장 어두운 것이 비로소 자신을 비추게 된다는 이 역설적 상황이 삶이다. "고요 속 도사린 것들/그 도발적인 발작/산다는 건 그런 것"(「발작」)이기에 인간은 발작하듯 몸부림치며 삶에 응전해보는 것이다.

육체는 바로 그러한 관능이다. 삶에 사로잡힌 동시에, 삶을 벗어던지기 위해 몸부림치는 애달픈 역설이 바로 육체인 것이다. "폴 발레리가 태어나 입에서 꺼낸 첫말은/열쇠, 였다지"(「슬픈 독설」)라는 표현처럼 생명의 탄생은 닫힌 개체(個體)의 탄생을 의미하는 동시에, 그러한 육체의 출구를 찾으려는 무한한 갈증의 탄생을 가리킨다. 육체는 육체의 탈을 쓴 욕망이니, 우리는 육체를 뚫고 나오는 관능의 힘을 출산과 사랑과 포옹의 순간마다 기적처럼 맛본다.

사랑이란 삶에 가장 충실한 삶의 출구이다. 이 역설이 성립될 수 있는 이유는 인간의 모든 감정 중 자기 존재를 내버릴 수 있을 만큼 투신하게 만드는 아름다운 황홀이 곧 사랑이기 때문이다. "난 아직 영원을 보지 못했네/그러나 사랑할 시간이 남았네"(「증발」)라는 표현처럼 시인에게 사랑은 영원을 들여다보는 창(窓)이다. 따라서 사랑하는 이의 육체는 결코 물질에만 구속되는 것이 아닌, 물질을 벗어던지는 열쇠이자 삶의 출구라는 시적 인식이 드러난다. 사랑에 빠진 자에게 상대의 육체는 무릎 꿇게 하는 신전이자 "찰나에 나타나는/아찔한 신비"(「사랑남녀」)인 것이다.

바람 부는 날 여자가
손톱을 세운다

심장을 터뜨려 장미를 피우고
나비의 등에 깊이 침을 꽂는다

눈을 뜬 상처를 물고기로 풀어놓고
모래 위 간지러운 발자국을 찍는다

강을 건너는 바람의 발끝이 반짝이고
눈 속의 낮달이 젖은 깃을 털어 은빛 물방울을 뿌린다

바람 부는 날 여자가
하얀 고양이의 등 털을 일으키고 손톱을 세운다

화사한 갑충이 날개를 편다

—「네일 아트」 전문

"손톱"을 치장하는 행위 역시 시인에게는 사소한 것이 아니다. "네일 아트"는 "바람 부는 날"과 한 여자의 달뜬 마음이 접하는 중간지대이다. 어떤 날이면 인간은 자신이 너무나도 아름다워지기를 바란다. 바로 "바람 부는 날"은 그러한 순간을 의미하며, 한 "여자"가 좇는 아름다움이란 한 인간의 욕망이 육체 너머로 넘치는 흔적을 말한다. 그러한 의미로 위 시의 화장술은 곧 관능적 세계를 축조하는 기술인 것이다. 들뜬 "심장"의 마음은 "손톱"에 "장미"와 "나비"와 "물고기"와 "은빛 물방울" 등 수많은 생명체로 충만한 자연을 출현하게 한다. "손톱"은 단지 치장된 신체가 아닌, 불쑥 욕망이 출몰하는 육체의 가장자리이자, 그러한 욕망이 "화사한 갑충"처럼 견고한 날개를 얻고 날아오르는 활주로이다.

사랑, 화장술과 마찬가지로 미식(美食) 역시 인간의 관능이 머무는 자리이다. 시 「생일」은 "연어"와 "샤프란", "레드 와인", "하얀 생크림 케이크"와 같은 음식들을 맛보고, "왈츠"와 "웃음 폭죽"이 가득한 도취의 순간으로부터 "몰락의 극치"를 발견한다. 죽을 만큼 달콤한 "각설탕 하루"를 맛보는 순간 현실은 뒤로 물러난다. 혀가 맛보는 것은 관능의 물질이다. 행복에 젖게 하는 음식들은 "끈적끈적한 글라스 입술"을 통해 혀와 포옹하며, 이제 음식을 맛보는 혀는 이 순간이 너무나도 황홀하다고 고백하는 혀가 되어야 한다. 물론 예술의 황홀감이 그러하듯 단 하루의 아름다운 사치인 "생일"이 영원하지는 않을 것이다. 그러나 그의 혀는 이 순간을 위해 살아있었다고 말하게 될 것이다.

소낙비 내리고 물오른 알몸, 탱고의 음표예요

살아있음을 참지 못해 바람구두를 신어요

발꿈치에 매발톱이 돋아요

춤추는 붉은 드레스, 활짝 핀 함박꽃이에요

숨이 찬 바이올린 네 줄, 끊어질 듯, 질, 듯

아, 생의 볼륨을 높여요 포플러나무 끝까지

—「생의 볼륨」 전문

한 권의 시집에 걸쳐 시인이 제안하는 삶의 태도가 있다면, 그것은 바로 "생의 볼륨을 높여요"라는 한 문장으로 요약될 수 있다. 그는 몰락과 황홀을 모두 저 높은 "포플러나무 끝까지" 감당해보기를 요청하는 것이다. 볼륨을 최대치로 끌어올리는 것은 "소낙비"에 자신을 나체로 내던진 뒤, "물오른 알몸"이 되어 춤출 때 가능해진다. 인간이여, 자신을 세계에 내던져라. 그 순간 세계는 인간의 육체를 애무하고, 인간의 육체는 아름다운 관능에 물들 것이다. 세계가 자신을 연주하게 내버려둘 때 인간의 육체는 "활짝 핀 함박꽃"처럼, "숨이 찬 바이올린"처럼 팽팽하게 부풀어 올라 더없이 거대해진다. 그렇게 욕망이 춤추는 자리인 우리 자신의 육체, "탱고의 음표"는 가없는 춤이 된다.

근본적으로 위 풍경에 내재한 것은 바로 포옹의 원리이다. 젖은 나체로 세계에 자신을 내맡길 때, 세계는 그를 들어 올려 끌어안는다. 그러한 식으로 서로의 시공간을 묶고 완성하는 힘이 사랑이다. "이 순간 사랑밖에는/아무것도 없다/또한 이 순간 모든 것이 존재한다"(「어느 하루」)라고 표현된 것처럼, 포옹하는 연인의 시공간은 어디에도 속하지 않는다. 연인의 황홀만으로 완전한 이상 그들의 시공간은 누구에게도 설명될 필요 없는 "어느 하루"인 것이다. 따라서 볼륨을 높이라는 제안은, 곧 사랑의 열망에 자신을 내던지라는 의미와도 상통한다. 사랑의 원무에 육체를 맡기는 동안, 춤은 더없이 격렬해지고 숨이 끊어질 듯한 고통이 그를 몰아붙일 것이다. 그러나 가슴을 채우는 가쁜 숨결은 그를 끝나지 않을 것 같은 환희로 인도할 것이다. 그러한 기쁨이 포플러나무 꼭대기에 이른다 해도 멈출 수 있을까. 아니, 넘치고야 말 것이다. 그러니 생의 볼륨은 그 숨이 끊어질 때까지, 환희가 영원에 이를 때까지 높아질 것이다.

이 도서의 국립중앙도서관 출판시도서목록(CIP)은 서지정보유통지원시스템 홈페이지(http://seoji.nl.go.kr)와 국가자료공동목록시스템(http://www.nl.go.kr/kolisnet)에서 이용하실 수 있습니다.(CIP제어번호: CIP2018009774)

시인동네 시인선 092

생의 볼륨을 높여요

초판 1쇄 인쇄 2018년 4월 6일
초판 1쇄 발행 2018년 4월 13일

지은이 이윤훈
펴낸이 고영
책임편집 서윤후
디자인 헤이존
펴낸곳 문학의전당
출판등록 제2017-000002호
주소 서울시 마포구 마포대로 11길 91, 3층
전화 02-852-1977 팩스 02-852-1978
전자우편 sbpoem@naver.com

ISBN 979-11-5896-367-5 03810